Lista de Abreviaturas e Siglas

AC: Ativo Circulante

AI: Ativo Imobilizado

AN: Ativo Não Circulante

BP: Balanço Patrimonial

PL: Patrimônio Líquido

CMV: Custo das Mercadorias Vendidas

DRE: Demonstração do Resultado do Exercício

EBITDA: Earnings Before Interest, Taxes, Depreciation, and Amortization (Lucros antes de Juros, Impostos, Depreciação e Amortização)

Sumário

Introdução 10

    A Complexidade do Tema: Por Que as Finanças Parecem Tão desafiadora? 10

    A Importância de Compreender as Finanças Corporativas 11

    Descomplicando as Finanças: Uma Abordagem Prática e Aplicável 12

    A Jornada para o Sucesso Financeiro Começa Aqui 12

CAPÍTULO 1 13

CENÁRIOS DO DIA A DIA: COMO DECISÕES FINANCEIRAS IMPACTAM O SUCESSO DO SEU NEGÓCIO 13

    Cenários Ilustrativos de Casos 14

    Cenário 1: A Gestão do Fluxo de Caixa 14

    Cenário 2: A Decisão de Investir em Expansão 15

    Cenário 3: A Importância de Precificar Corretamente 15

    Cenário 4: O Desafio de Gerenciar Dívidas 16

    Cenário 5: A Decisão de Não Investir 16

CAPÍTULO 2 18

DESMISTIFICANDO AS FINANÇAS CORPORATIVAS 18

    Desmistificando as Finanças Corporativas: Entendendo os Conceitos Básicos 19

    1.   Fluxo de Caixa: O Pulso do Seu Negócio 19

    2.   Capital de Giro: A Energia para as Operações Diárias 20

    3.   Balanço Patrimonial: O Raio-X Financeiro da Empresa 21

    4.   Demonstração do Resultado do Exercício (DRE): Medindo o Desempenho Financeiro 22

    Transformando Conhecimento em Ação 24

DIOGO MEDEIROS

FINANÇAS PARA NÃO FINANCEIROS

"O PASSO A PASSO PARA DOMINAR AS FINANÇAS CORPORATIVAS SEM DOR DE CABEÇA"

Dedico este livro

Aos empreendedores e profissionais que enfrentam desafios financeiros todos os dias, buscando conhecimento para crescer e transformar suas ideias em realidade.

À minha família e amigos, pelo apoio incondicional e pela inspiração constante.

Diogo Medeiros

Balanço Patrimonial: 25

Fluxo de Caixa 25

Perguntas mais comuns que pessoas sem formação financeira geralmente têm. 26

1- Qual é a diferença entre lucro e caixa? 26

2- O que é margem de lucro e como calculá-la? 27

3- O que é EBITDA e por que é importante? 27

4- Por que o controle de estoques é crucial para o sucesso financeiro? 28

5- Como devo gerenciar minhas contas a pagar e a receber? 28

6- Qual é a diferença entre lucro bruto e lucro líquido? 29

7- Por que é importante planejar financeiramente o futuro da minha empresa? 29

CAPÍTULO 3 30

FINANÇAS CORPORATIVAS PARA NÃO FINANCEIROS 30

Como Ler Demonstrativos Financeiros 31

Interpretando a Demonstração de Resultados do Exercício (DRE) ... 31

Passo 1: análise as Receitas 31

Passo 2 - Subtraia os Custos e Despesas 31

Passo 3: Calcule o Lucro 32

Interpretando o Balanço Patrimonial 32

Passo 1: Identifique os Ativos 33

Passo 2: Identifique os Passivos 33

Passo 3: Calcule o Patrimônio Líquido 33

Passo 1: Entenda as Atividades Operacionais 34

Passo 2: Análise as Atividades de Investimento 34

Passo 3: Examine as Atividades de Financiamento 35

Erros Financeiros Frequentes e Como Evitá-los 36

Não Separar Finanças Pessoais das Finanças Empresariais 36

Subestimar os Custos Operacionais 37

Falta de Planejamento Financeiro de Longo Prazo 37

Não Investir em Educação Financeira 38

Superestimar Receitas e Subestimar Despesas 38

Negligenciar a Gestão de Dívidas 39

CAPÍTULO 4 41
PLANEJAMENTO E GESTÃO FINANCEIRA SIMPLIFICADOS 41

Exemplo Prático de Orçamento e Planejamento Financeiro 42

1. Estabelecendo Metas e Premissas 42

Explicação do Exemplo Prático 43

Ferramentas e Dicas Práticas para Planejamento Financeiro 43

Importância do Controle do Fluxo de Caixa 44

Garantia de Liquidez 44

Relacionamento com Fornecedores e Credores 45

Gestão de Estoques 46

Estudo de Caso 1: Sucesso na Gestão Financeira Empresa: Magazine Luiza 47

Empresa: Varig Setor: Aviação 49

CAPÍTULO 5 51
TOMANDO DECISÕES FINANCEIRAS INFORMADAS 51

1. Análise de Viabilidade Financeira 52

2. Análise de Retorno sobre o Investimento (ROI) 53
4- Análise de Riscos e Sensibilidade.. 54
5. Alinhamento com os Objetivos Estratégicos 54
6. Fluxo de Caixa Descontado (FCD) 55
7. Benchmarking e Comparação de Alternativas 55
8. Análise de Impacto Social e Ambiental 56
Compreender a Estrutura das Dívidas 57
Criação de um Fundo de Emergência 57
Softwares de Gestão Financeira.. 58

CAPÍTULO 6.. 60
COLOCANDO O CONHECIMENTO EM PRÁTICA 60

2. Avaliação do Fluxo de Caixa... 61
3. Controle de Custos e Despesas 62
4. Planejamento Orçamentário 62
5. Gestão de Dívidas 63
6. Monitoramento Regular dos Indicadores Financeiros 63
7. Implementação de Software de Gestão 63
Semana 1: Diagnóstico e Organização Inicial Dia 1-2: Coleta de Informações Financeiras 64
Dia 3-4: Revisão de Despesas e Receitas.. 64
Dia 5-7: Revisão do Fluxo de Caixa 65
Dia 11-12: Criação de um Orçamento 65
Dia 13-14: Reserva Financeira 66
Semana 3: Implementação de Ferramentas e Monitoramento 66
Dia 15-16: Escolha de Software de Gestão 66

Dia 17-18: Monitoramento de Indicadores 66

    Dia 19-21: Reavaliação de Contratos e Despesas 67

Semana 4: Planejamento para o Futuro e Revisão do Plano Dia 22-23: Planejamento de Investimentos 67

Dia 26-27: Revisão e Ajuste do Orçamento 68

Dia 28-30: Plano para os Próximos 6 Meses 68

Continuando a Jornada Financeira 69

1.   Aplicação Imediata: 69

Chamada para Ação 71

Bibliografia 74

SOBRE O AUTOR

Diogo Medeiros é um Especialista em Finanças Corporativas, Consultor de Negócios e Professor em escolas técnicas. Já desenvolveu diversos estudos financeiros de viabilidade para novos negócios e ajudou centenas de alunos no desenvolvimento dessa matéria. Ele possui mais de 10 anos de experiência nessa área. Com uma paixão por ajudar outros a alcançar o conhecimento financeiro, Diogo compartilha estratégias práticas e conselhos valiosos para iniciantes que desejam entender e obter o sucesso na gestão da empresa.

Instagram: https://www.instagram.com/diogo.medeirosoficial/

LinkedIn: https://www.linkedin.com/in/diogofernandesmedeiros/

Introdução

Entender e gerenciar as finanças de um negócio é uma das tarefas mais desafiadoras para empresários, empreendedores e gestores que não possuem formação em finanças. Muitos se deparam com uma realidade onde precisam tomar decisões críticas que impactam diretamente a saúde financeira da empresa, mas se sentem perdidos diante de conceitos como fluxo de caixa, demonstração de resultado, balanço patrimonial e análise de investimentos. A sensação de estar navegando em águas desconhecidas é comum, gerando uma mistura de frustração, ansiedade e até mesmo medo.

A Complexidade do Tema: Por Que as Finanças Parecem Tão desafiadora?

Para quem não é da área, o mundo das finanças corporativas pode parecer um labirinto cheio de termos técnicos, números e fórmulas complicadas. A realidade é que a maioria das pessoas que empreendem ou gerenciam negócios não teve a oportunidade de aprender sobre finanças de forma estruturada. Esse conhecimento muitas vezes é adquirido "no fogo", durante o próprio processo de gerir um negócio. No entanto, isso pode levar a decisões mal-informadas, que comprometem a sustentabilidade e o crescimento da empresa.

Imagine o seguinte cenário: um empreendedor lança seu negócio com paixão e conhecimento profundo do produto ou serviço que oferece. O negócio começa a crescer, os clientes aumentam, e a empresa precisa expandir. De repente, o empreendedor se vê diante de decisões financeiras complexas, como a necessidade de contratar mais funcionários, investir em infraestrutura, ou até mesmo tomar um empréstimo. Sem uma compreensão sólida de finanças, ele pode acabar tomando decisões baseadas em intuição ou conselhos mal fundamentados, o que pode resultar em prejuízos ou até na falência do negócio.

A Importância de Compreender as Finanças Corporativas

Compreender as finanças corporativas não é apenas sobre saber lidar com números. Trata-se de ter o controle sobre o destino do seu negócio, de poder planejar o futuro com confiança e de tomar decisões que promovam o crescimento sustentável. Um empresário ou gestor que entende os conceitos financeiros básicos pode identificar rapidamente problemas de fluxo de caixa, analisar a viabilidade de novos projetos, e negociar de forma mais eficaz com investidores e credores.

Vamos considerar outro exemplo prático: Maria, uma empresária que abriu uma pequena empresa de tecnologia. Ela sempre foi apaixonada por inovação e tinha um produto excelente. No entanto, após alguns meses de operação, ela percebeu que, apesar do aumento nas vendas, sua conta bancária não refletia esse crescimento. Maria não tinha ideia de onde o dinheiro estava indo. Ao estudar finanças corporativas, Maria descobriu que estava misturando suas finanças pessoais com as da empresa, não acompanhava de perto seu fluxo de caixa, e não tinha um planejamento financeiro adequado. Com o conhecimento adquirido, Maria conseguiu reorganizar suas finanças, estabelecer controles, e, em pouco tempo, seu negócio começou a prosperar de maneira saudável.

Descomplicando as Finanças: Uma Abordagem Prática e Aplicável

A boa notícia é que, ao contrário do que muitos pensam, não é necessário ser um contador ou ter um MBA para entender e aplicar conceitos financeiros de forma eficaz. Com uma abordagem prática e exemplos que fazem parte do dia a dia de qualquer empresário ou gestor, é possível desmistificar as finanças corporativas e transformá-las em uma ferramenta poderosa para o sucesso.

Neste livro, vamos abordar os principais conceitos de finanças corporativas de maneira clara e objetiva, utilizando exemplos reais e exercícios práticos que ajudarão você a entender como cada aspecto financeiro se aplica ao seu negócio. Vamos guiá-lo passo a passo, desde a leitura e interpretação de demonstrativos financeiros até a aplicação de estratégias de gestão de fluxo de caixa e planejamento financeiro.

A Jornada para o Sucesso Financeiro Começa Aqui

Este capítulo serve como ponto de partida para a sua jornada rumo à compreensão das finanças corporativas. Ao entender e aplicar os conceitos que vamos explorar, você estará dando um passo crucial para garantir a saúde e o crescimento sustentável do seu negócio. O conhecimento financeiro não precisa ser um obstáculo; ele pode ser o alicerce sobre o qual você constrói um negócio próspero e duradouro.

Vamos juntos descomplicar as finanças e transformar esse desafio em uma vantagem competitiva para você e sua empresa.

CAPÍTULO 1

CENÁRIOS DO DIA A DIA: COMO DECISÕES FINANCEIRAS IMPACTAM O SUCESSO DO SEU NEGÓCIO

Cenários Ilustrativos de Casos

O sucesso de qualquer negócio, independentemente de seu tamanho ou setor, está diretamente ligado às decisões financeiras tomadas no dia a dia. Essas decisões, muitas vezes subestimadas, podem determinar se uma empresa prospera, sobrevive ou enfrenta dificuldades. No entanto, para aqueles que não são especialistas em finanças, essas decisões podem parecer simples, mas carregam implicações profundas e complexas.

Neste capítulo, vamos explorar cenários práticos que empresários, empreendedores e gestores enfrentam diariamente, mostrando como a compreensão das finanças corporativas pode fazer a diferença entre o sucesso e o fracasso.

Cenário 1: A Gestão do Fluxo de Caixa

Imagine que você é o proprietário de uma pequena empresa de varejo. Suas vendas aumentam significativamente durante os meses de festas, e você decide expandir seu estoque para atender à demanda crescente. No entanto, sem um planejamento financeiro adequado, você compra mais mercadorias do que pode pagar com o caixa disponível e acaba utilizando o limite de crédito da empresa. Os pagamentos dos fornecedores vencem antes de você receber o dinheiro das vendas, criando um déficit de caixa.

Este é um exemplo clássico de má gestão de fluxo de caixa. Mesmo que as vendas estejam em alta, a falta de liquidez pode levar a problemas como a incapacidade de pagar funcionários, fornecedores, ou até mesmo o aluguel do ponto de venda. Sem fluxo de caixa, um negócio que parece próspero pode rapidamente se tornar inviável.

Cenário 2: A Decisão de Investir em Expansão

Agora, considere o cenário de uma empresa de tecnologia que desenvolveu um novo software inovador. Os clientes estão satisfeitos, as vendas estão crescendo, e os fundadores decidem expandir rapidamente para novos mercados. Eles optam por contratar mais desenvolvedores, investir em marketing agressivo e abrir escritórios em outras cidades. No entanto, sem uma análise financeira detalhada, essa expansão é feita sem avaliar corretamente os custos envolvidos, o tempo necessário para que os novos mercados se tornem lucrativos e o impacto no fluxo de caixa.

Se os resultados não forem tão rápidos quanto o esperado, a empresa pode se encontrar em uma situação onde os custos fixos aumentaram substancialmente, mas as receitas não acompanharam. Este cenário pode levar a um endividamento elevado ou à necessidade de cortar drasticamente custos, comprometendo a qualidade do produto ou serviço e, em última instância, a reputação da empresa.

Cenário 3: A Importância de Precificar Corretamente

Considere uma padaria local que está ganhando popularidade pela qualidade dos seus produtos. O proprietário, querendo atrair ainda mais clientes, decide manter os preços baixos para ser competitivo. No entanto, ele não calcula corretamente todos os custos envolvidos, como ingredientes, salários dos funcionários, contas de energia e aluguel. Como resultado, apesar de vender muito, a margem de lucro é mínima ou inexistente.

Este erro de precificação pode ser fatal para a padaria. Mesmo com um grande volume de vendas, a falta de lucro suficiente para cobrir todos os custos e gerar um retorno justo para o proprietário pode levar à falência do negócio. Este é um exemplo claro de como uma decisão aparentemente simples, como a definição de preços, pode ter um impacto devastador se não for baseada em uma análise financeira adequada.

Cenário 4: O Desafio de Gerenciar Dívidas

Agora, vamos imaginar uma pequena empresa de manufatura que contraiu um empréstimo bancário para modernizar suas instalações e aumentar a capacidade de produção. A decisão foi tomada com base na expectativa de que a nova linha de produtos geraria um aumento substancial nas receitas. No entanto, o mercado não respondeu conforme o esperado, e as vendas não aumentaram como previsto.

O que parecia ser uma decisão estratégica inteligente agora se transforma em um pesadelo financeiro, pois a empresa precisa arcar com as parcelas do empréstimo, além dos custos operacionais. Sem um planejamento financeiro que considere cenários de risco e planos de contingência, a empresa pode se ver em uma situação de inadimplência, o que afeta sua credibilidade junto aos credores e pode limitar o acesso a financiamento no futuro.

Cenário 5: A Decisão de Não Investir

Por fim, considere o caso de uma pequena empresa de consultoria que, por receio de se endividar, decide não investir em tecnologia moderna ou na capacitação de seus funcionários. Embora essa decisão mantenha os custos baixos a curto prazo, a empresa começa a perder competitividade. Seus concorrentes, que investiram em novas ferramentas e formação, começam a oferecer serviços mais rápidos, baratos e de melhor qualidade. Como resultado, a consultoria começa a perder clientes e seu faturamento diminui gradativamente.

Este cenário mostra que a aversão ao risco financeiro também pode ser prejudicial. Em alguns casos, a falta de investimento pode significar a estagnação do negócio, a perda de mercado e, eventualmente, a irrelevância.

Esses cenários do dia a dia ilustram como cada decisão financeira, por mais simples que pareça, pode ter um impacto significativo no sucesso ou fracasso de um negócio. Uma compreensão clara das finanças corporativas permite que empresários, empreendedores e gestores tomem decisões informadas, que não apenas garantam a sobrevivência do negócio, mas também promovam seu crescimento e prosperidade a longo prazo.

Neste livro, vamos explorar mais a fundo como você pode aplicar esses princípios em seu próprio negócio, utilizando ferramentas práticas e estratégias que simplificam o processo de tomada de decisão financeira. O objetivo é que você saia desta leitura com a confiança necessária para enfrentar os desafios financeiros do dia a dia com clareza e segurança.

CAPÍTULO 2

DESMISTIFICANDO AS FINANÇAS CORPORATIVAS

Desmistificando as Finanças Corporativas: Entendendo os Conceitos Básicos

Para muitos empresários e empreendedores, o mundo das finanças corporativas pode parecer um território desconhecido, repleto de termos técnicos e conceitos que, à primeira vista, parecem complexos e distantes da realidade cotidiana. No entanto, compreender esses conceitos básicos é fundamental para a gestão eficaz de qualquer negócio. Neste capítulo, vamos desmistificar os principais termos e práticas financeiras, explicando de forma clara e direta como eles funcionam e por que são essenciais para o sucesso de sua empresa.

1. Fluxo de Caixa: O Pulso do Seu Negócio

O fluxo de caixa é, sem dúvida, um dos conceitos mais importantes em finanças corporativas. Ele representa todo o dinheiro que entra e sai da empresa em um determinado período. Em outras palavras, o fluxo de caixa é o indicador que mostra se a empresa está gerando dinheiro suficiente para cobrir suas despesas e investir em seu crescimento.

Para entender melhor, imagine que o fluxo de caixa da sua empresa é como o fluxo de água em um rio. Se o fluxo é constante e forte, o rio (ou, no caso, a empresa) prospera. No entanto, se o fluxo diminui ou, pior, se seca, o rio pode minguar, o que em termos empresariais significa falta de liquidez para pagar fornecedores, funcionários, ou investir em novas oportunidades. Existem dois tipos principais de fluxo de caixa que você precisa conhecer:

Fluxo de Caixa Operacional: Refere-se ao dinheiro gerado pelas atividades principais da empresa, como vendas de produtos ou serviços.

Fluxo de Caixa Livre: Este é o dinheiro que sobra depois que todas as despesas operacionais e investimentos foram pagos. É o capital disponível para expandir o negócio, pagar dividendos aos acionistas ou reduzir dívidas

2. Capital de Giro: A Energia para as Operações Diárias

O capital de giro é o valor necessário para financiar as operações do dia a dia da empresa, como a compra de matérias-primas, pagamento de salários e outras despesas operacionais. Ele é calculado pela diferença entre os ativos circulantes (dinheiro em caixa, contas a receber, estoques) e os passivos circulantes (contas a pagar, dívidas de curto prazo).

Manter um capital de giro adequado é crucial para garantir que a empresa tenha liquidez suficiente para operar sem interrupções. Se o capital de giro for insuficiente, a empresa pode enfrentar dificuldades para pagar suas contas, o que pode levar a uma série de problemas, incluindo perda de crédito e confiança no mercado.

Um exemplo prático: se você tem uma loja e precisa pagar seus fornecedores a cada 30 dias, mas seus clientes só pagam a cada 60 dias, você terá um problema de capital de giro. Nesse caso, seria necessário ter recursos suficientes para cobrir essa diferença de tempo entre os pagamentos.

3. Balanço Patrimonial: O Raio-X Financeiro da Empresa

O balanço patrimonial é uma das demonstrações financeiras mais importantes, pois oferece uma visão detalhada da saúde financeira da empresa em um determinado momento. Ele é dividido em três partes principais:

Ativos: Tudo o que a empresa possui de valor econômico, como dinheiro em caixa, contas a receber, imóveis, equipamentos e estoques.

Passivos: Todas as obrigações financeiras da empresa, incluindo contas a pagar, empréstimos e outras dívidas.

Patrimônio Líquido: Representa o valor residual que pertence aos proprietários ou acionistas depois que todas as dívidas foram pagas. É calculado pela diferença entre os ativos e os passivos.

Pense no balanço patrimonial como uma **fotografia financeira** da sua empresa em um determinado dia. Ele permite que você veja claramente o que a empresa possui, o que deve, e quanto sobra para os proprietários. Isso é fundamental para avaliar a capacidade da empresa de crescer, tomar empréstimos ou atrair investidores.

Ativo	Passivo + Patrimônio Líquido
Ativo Circulante	**Passivo Circulante**
- Caixa e Equivalentes: R$ 50.000	- Fornecedores: R$ 30.000
- Contas a Receber: R$ 80.000	- Empréstimos de Curto Prazo: R$ 20.000
- Estoques: R$ 70.000	- Obrigações Fiscais: R$ 10.000
Total Ativo Circulante: R$ 200.000	Total Passivo Circulante: R$ 60.000
Ativo Não Circulante	**Passivo Não Circulante**
- Imobilizado: R$ 150.000	- Empréstimos de Longo Prazo: R$ 90.000
- Intangível: R$ 50.000	
Total Ativo Não Circulante: R$ 200.000	Total Passivo Não Circulante: R$ 90.000
	Patrimônio Líquido
	- Capital Social: R$ 150.000
	- Reservas: R$ 50.000
	Total Patrimônio Líquido: R$ 200.000
Total Ativo: R$ 400.000	Total Passivo + PL: R$ 400.000

4. Demonstração do Resultado do Exercício (DRE): Medindo o Desempenho Financeiro

A Demonstração do Resultado do Exercício (**DRE**) é outro documento essencial, pois mostra como o **desempenho financeiro** da empresa evoluiu ao longo de um período, geralmente um trimestre ou um ano. A DRE detalha as receitas, custos e despesas da empresa, permitindo calcular o lucro ou prejuízo.

Aqui estão os principais componentes da DRE:

Receita Bruta: Total das vendas realizadas pela empresa antes das deduções, como impostos ou descontos.

Custo das Mercadorias Vendidas (CMV): O custo direto associado à produção dos bens ou serviços vendidos.

Lucro Bruto: A diferença entre a receita bruta e o CMV, indicando a rentabilidade básica das operações.

Despesas Operacionais: Incluem despesas administrativas, de vendas e outras despesas que não estão diretamente relacionadas à produção.

Lucro Operacional: É o lucro obtido após deduzir as despesas operacionais do lucro bruto.

Resultado Financeiro: Inclui receitas e despesas financeiras, como juros pagos ou recebidos.

Lucro Líquido: É o resultado, é o lucro que sobra após todas as deduções de custos, despesas e impostos. Este é o indicador final da saúde financeira da empresa.

A DRE é fundamental para entender se a empresa está ganhando ou perdendo dinheiro e onde estão os pontos críticos que precisam ser melhorados.

Tabela Simples de DRE:

DRE Simplificada	Valor (R$)
Receita Bruta	20.000
(-) Custos	(10.000)
(=) Lucro Bruto	10.000
(-) Despesas Operacionais	(5.000)
(=) Lucro Operacional	5.000
(-) Despesas Financeiras	(500)
(=) Lucro Líquido	4.500

Transformando Conhecimento em Ação

Desmistificar as finanças corporativas é o primeiro passo para transformar o gerenciamento financeiro do seu negócio em uma vantagem competitiva. Compreender conceitos como fluxo de caixa, capital de giro, balanço patrimonial e DRE permite que você tome decisões mais informadas, planeje de maneira mais eficaz e, acima de tudo, conduza sua empresa em direção ao crescimento sustentável.

Neste capítulo, apresentamos as bases do que será aprofundado ao longo deste livro. Com esse conhecimento em mãos, você estará mais preparado para enfrentar os desafios financeiros e, finalmente, tirar proveito das oportunidades que surgirem. Vamos seguir em frente, com a confiança de que as finanças corporativas, antes vistas como um obstáculo, podem agora ser vistas como uma poderosa ferramenta para o sucesso.

Balanço Patrimonial

O Balanço Patrimonial é como um "**raio-X**" financeiro de uma empresa, mostrando o que ela possui (ativos), o que deve (passivos), e o que sobra para os proprietários (patrimônio líquido). É como verificar o que você tem em casa (ativos), o que deve no cartão de crédito (passivos) e quanto dinheiro sobraria se pagasse todas as dívidas (patrimônio líquido).

Exemplo: vamos supor que a mesma cafeteria tem R$ 10.000 em dinheiro no banco, R$ 5.000 em estoque de café e ingredientes, e R$ 5.000 em equipamentos. Mas ela deve R$ 8.000 para o fornecedor de café. O balanço patrimonial da cafeteria mostraria que, depois de pagar as dívidas, ela teria um patrimônio líquido de R$ 12.000.

Ativo	Passivo + Patrimônio Líquido
Dinheiro no banco: R$ 10.000	Dívida com fornecedor: R$ 8.000
Estoque: R$ 5.000	Patrimônio Líquido
Equipamentos: R$ 5.000	- Capital dos proprietários: R$ 12.000
Total Ativo: R$ 20.000	Total Passivo + PL: R$ 20.000

Fluxo de Caixa

O Fluxo de Caixa é como o fluxo de água em um rio que representa o dinheiro entrando e saindo da empresa. Se a água flui constantemente e sem interrupções, o rio (a empresa) segue saudável. Se o fluxo diminui ou para a empresa começa a ter problemas.

Exemplo: continuando com o exemplo da cafeteria, digamos que você recebe R$ 20.000 em vendas no mês, mas precisa pagar R$ 5.000 em aluguel, R$ 10.000 em mercadorias, e R$ 3.000 em salários. O fluxo de caixa mostra que, no final do mês, você ainda tem R$ 2.000 sobrando, o que pode ser usado para investir em melhorias ou guardado como reserva.

Tabela Simples de Fluxo de Caixa:

Fluxo de Caixa Simplificado	Valor (R$)
Entradas de Caixa	
Vendas	20.000
Saídas de Caixa	
Aluguel	(5.000)
Mercadorias	(10.000)
Salários	(3.000)
Fluxo de Caixa Líquido	2.000

Perguntas mais comuns que pessoas sem formação financeira geralmente têm.

1- Qual é a diferença entre lucro e caixa?

Lucro é o valor que sobra após todas as receitas e despesas serem contabilizadas em um período. Ele aparece na Demonstração de Resultado do Exercício (DRE). No entanto, lucro não é o mesmo que caixa. Uma empresa pode ter lucro no papel, mas não ter dinheiro disponível no caixa. Isso pode ocorrer porque as vendas a crédito aumentam o lucro, mas o dinheiro ainda não foi recebido. Portanto, é possível que uma empresa seja lucrativa, mas enfrente dificuldades de caixa.

2 - O que é margem de lucro e como calculá-la?

Margem de lucro é uma medida que indica o percentual de lucro que a empresa gera sobre suas vendas. Existem dois tipos principais: margem de lucro bruto e margem de lucro líquido.

Margem de Lucro Bruto: Calculada dividindo o lucro bruto (receitas menos o custo dos produtos vendidos) pela receita total e multiplicando por 100. Ela mostra quanto a empresa está ganhando antes de descontar despesas operacionais e outras despesas.

Margem de Lucro Líquido: calculada dividindo o lucro líquido (lucro bruto menos todas as despesas) pela receita total e multiplicando por 100. Ela mostra o lucro real da empresa após todas as despesas serem pagas.

3 - O que é EBITDA e por que é importante?

EBITDA significa Earnings Before Interest, Taxes, Depreciation, and Amortization (Lucros Antes de Juros, Impostos, Depreciação e Amortização). Ele é uma medida de desempenho financeiro que mostra quanto uma empresa está ganhando com suas operações principais, sem levar em conta custos financeiros, impostos e despesas não monetárias como depreciação e amortização. O EBITDA é importante porque oferece uma visão clara do desempenho operacional da empresa, sem as distorções causadas por diferentes estruturas de capital e práticas contábeis.

4 - Por que o controle de estoques é crucial para o sucesso financeiro?

O controle de estoques é crucial porque os estoques representam um dos maiores investimentos de uma empresa. Se os estoques forem muito altos, a empresa pode ter dinheiro parado em mercadorias que não estão vendendo, o que afeta o fluxo de caixa. Por outro lado, se os estoques forem muito baixos, a empresa pode perder vendas porque não tem produtos suficientes para atender à demanda. Um bom controle de estoques garante que a empresa tenha a quantidade certa de produtos, no momento certo, maximizando o fluxo de caixa e o lucro.

5 - Como devo gerenciar minhas contas a pagar e a receber?

Gerenciar contas a pagar e a receber é fundamental para manter um fluxo de caixa saudável.

Contas a Receber: Acompanhe de perto os pagamentos dos clientes e estabeleça políticas claras de crédito e cobrança para minimizar o risco de inadimplência. Ofereça incentivos para pagamentos antecipados e mantenha um registro atualizado das faturas em aberto.

Contas a Pagar: Negocie prazos favoráveis com fornecedores para estender o tempo de pagamento, mas sem comprometer o relacionamento. Priorize o pagamento de contas com juros altos e evite atrasos que possam resultar em multas ou perda de credibilidade com os fornecedores.

6 - Qual é a diferença entre lucro bruto e lucro líquido?

Lucro bruto é o valor que resta após a subtração dos custos dos produtos vendidos (CPV) das receitas totais. Ele reflete o lucro gerado pelas operações principais antes de descontar outras despesas operacionais.

Lucro líquido, por outro lado, é o valor que resta após subtrair todas as despesas operacionais, despesas financeiras, impostos e outras deduções do lucro bruto. Ele representa o lucro final da empresa, ou seja, o que realmente "sobrou" depois que todas as obrigações foram pagas.

7 - Por que é importante planejar financeiramente o futuro da minha empresa?

O planejamento financeiro é crucial porque ajuda a empresa a se preparar para o futuro, prevendo necessidades de caixa, identificando oportunidades de crescimento e evitando crises financeiras. Com um plano financeiro sólido, a empresa pode definir metas claras, alocar recursos de forma eficiente e tomar decisões estratégicas com base em projeções financeiras realistas. Sem planejamento, a empresa corre o risco de enfrentar surpresas desagradáveis, como falta de liquidez, excesso de dívidas ou até a falência.

CAPÍTULO 3

FINANÇAS CORPORATIVAS PARA NÃO FINANCEIROS

Como Ler Demonstrativos Financeiros

Interpretando a Demonstração de Resultados do Exercício (DRE)

A DRE mostra o desempenho financeiro da empresa ao longo de um período, detalhando as receitas, custos e despesas para calcular o lucro ou prejuízo.

Passo 1: análise as Receitas

Receita bruta: refere-se ao total de vendas antes de qualquer dedução.

Exemplo: Se uma empresa vendeu 1.000 unidades a 10,00 reais. O valor da receita será de R$ 10.000,00.

Receita Bruta = Quantidade de Vendas x Preço de venda

A Receita Bruta dá uma visão de faturamento apenas, porém o que vai para o bolso da empresa é a receita líquida, porque na Receita Bruta ainda terá os descontos dos impostos e devoluções.

Receita Líquida: Receita bruta menos deduções como devoluções, descontos, e impostos sobre vendas.

Passo 2 - Subtraia os Custos e Despesas

Custo dos Produtos Vendidos (CPV): Custos diretamente associados à produção dos bens ou serviços vendidos.

Despesas Operacionais: Custos relacionados às operações da empresa, como salários, aluguel e marketing.

Despesas Financeiras: Custos relacionados ao financiamento da empresa, como juros sobre empréstimos.

Passo 3: Calcule o Lucro

Lucro Bruto: Receita líquida menos o custo dos produtos vendidos.

Lucro Operacional: Lucro bruto menos as despesas operacionais.

Lucro Líquido: Lucro operacional menos as despesas financeiras e impostos.

Interpretação:

Um aumento no lucro líquido ao longo do tempo indica que a empresa está melhorando sua eficiência operacional e gestão de custos.

A margem de lucro (lucro líquido dividido pela receita) pode ser usada para comparar a rentabilidade entre empresas ou com o próprio desempenho da empresa em diferentes períodos.

Interpretando o Balanço Patrimonial

O Balanço Patrimonial é uma fotografia da situação financeira da empresa em um determinado momento. Ele é dividido em três principais seções: Ativo, Passivo e Patrimônio Líquido.

Passo a Passo:

Passo 1: Identifique os Ativos

Ativos Circulantes: Itens que podem ser convertidos em dinheiro rapidamente, geralmente dentro de um ano (ex.: caixa, contas a receber, estoques).

Ativos Não Circulantes: Itens que não serão convertidos em dinheiro no curto prazo (ex.: imóveis, equipamentos, investimentos de longo prazo).

Passo 2: Identifique os Passivos

Passivos Circulantes: Dívidas que precisam ser pagas dentro de um ano (ex.: contas a pagar, salários, impostos).

Passivos Não Circulantes: Dívidas que vencem em longo prazo (ex.: empréstimos de longo prazo).

Passo 3: Calcule o Patrimônio Líquido

Patrimônio Líquido: É o que sobra para os proprietários depois que todos os passivos são subtraídos dos ativos. É a base para medir a saúde financeira de uma empresa.

Interpretação:

Um balanço patrimonial saudável geralmente tem um nível de ativos maior que o de passivos, indicando que a empresa possui mais recursos do que dívidas.

Se o patrimônio líquido é positivo e crescente ao longo do tempo, a empresa está fortalecendo sua posição financeira.

Interpretando o Fluxo de Caixa

O Fluxo de Caixa detalha as entradas e saídas de dinheiro ao longo de um período, ajudando a empresa a entender sua liquidez e capacidade de honrar compromissos financeiros.

Passo a Passo:

Passo 1: Entenda as Atividades Operacionais

Entradas Operacionais: Dinheiro recebido das operações principais, como vendas e recebimentos de clientes.

Saídas Operacionais: Dinheiro gasto em atividades operacionais, como pagamentos a fornecedores, salários, e outras despesas operacionais.

Passo 2: Análise as Atividades de Investimento

Entradas de Investimento: Dinheiro recebido de vendas de ativos de longo prazo, como imóveis ou equipamentos.

Saídas de Investimento: Dinheiro gasto em aquisição de ativos de longo prazo.

Passo 3: Examine as Atividades de Financiamento

Entradas de Financiamento: Dinheiro recebido de empréstimos, emissão de ações, ou outras fontes de financiamento.

Saídas de Financiamento: Pagamentos de dívidas, dividendos, ou recompra de ações.

Interpretação:

Um fluxo de caixa operacional positivo indica que a empresa está gerando dinheiro suficiente para manter suas operações sem depender de financiamento externo.

Fluxos de caixa positivos de atividades de investimento e financiamento indicam crescimento e capacidade de expansão.

Analisar o fluxo de caixa junto com o balanço patrimonial e a DRE fornece uma visão completa da saúde financeira da empresa.

Este capítulo mostrou como o leitor interpreta as principais ferramentas que são os principais relatórios financeiros de uma empresa. Com essa compreensão, empresários, empreendedores, trabalhadores e estudantes poderão tomar decisões mais informadas, melhorando a gestão e o sucesso dos seus negócios.

Erros Financeiros Frequentes e Como Evitá-los

Um dos erros mais comuns é focar apenas no lucro (que está na DRE, contábil) e ignorar o fluxo de caixa. O lucro indica a rentabilidade, mas o fluxo de caixa mostra a liquidez da empresa, ou seja, sua capacidade de pagar contas e manter as operações.

Exemplo: Imagine uma empresa que registra um lucro (Na DRE) elevado, mas a maior parte desse lucro está em contas a receber que só serão pagas daqui a 60 dias. Se a empresa tiver compromissos financeiros no curto prazo, como pagamento de fornecedores e salários, ela pode enfrentar uma crise de liquidez, mesmo sendo lucrativa.

Solução: Mantenha um controle rigoroso do fluxo de caixa, projetando entradas e saídas de dinheiro. Considere usar ferramentas ou softwares de gestão financeira que auxiliem no monitoramento do fluxo de caixa em tempo real.

Não Separar Finanças Pessoais das Finanças Empresariais

Muitos empresários, especialmente em pequenas e médias empresas, não separam suas finanças pessoais das empresariais. Isso pode levar a uma visão distorcida da saúde financeira da empresa e criar problemas com o fluxo de caixa.

Exemplo: Um empreendedor usa o caixa da empresa para pagar despesas pessoais, como contas domésticas ou férias. Isso pode resultar em falta de dinheiro para pagar fornecedores ou investir no crescimento do negócio.

Solução: Abra contas bancárias separadas para as finanças pessoais e empresariais. Estabeleça um salário fixo para o empresário, retirando esse valor regularmente da conta empresarial, como se fosse um funcionário.

Subestimar os Custos Operacionais

Outro erro comum é subestimar ou não contabilizar corretamente todos os custos operacionais. Isso pode incluir desde custos com matéria-prima até despesas administrativas e de marketing.

Exemplo: Uma empresa de manufatura estima que os custos de produção de um produto sejam R$ 100 por unidade, mas esquece de incluir os custos indiretos, como aluguel da fábrica e salários dos funcionários. Ao vender o produto por R$ 120, a empresa acha que está lucrando R$ 20 por unidade, mas na verdade está operando com margens muito menores ou até com prejuízo.

Solução: Realize uma análise detalhada dos custos, incluindo todos os custos diretos e indiretos. Revise regularmente esses custos para ajustar preços ou estratégias de corte de despesas quando necessário.

Falta de Planejamento Financeiro de Longo Prazo

Não planejar financeiramente a longo prazo é um erro que pode comprometer o futuro da empresa. Isso inclui falta de previsões de vendas, planejamento de investimentos e gestão de dívidas.

Exemplo: Uma empresa decide expandir suas operações sem prever os custos adicionais de novos equipamentos, treinamentos e marketing. Sem um planejamento financeiro sólido, a empresa pode acabar com dívidas elevadas e fluxo de caixa negativo.

Solução: Desenvolva um plano financeiro de longo prazo, que inclua projeções de receitas, custos, investimentos e financiamentos. Revise e ajuste esse plano regularmente, conforme as condições do mercado e os objetivos da empresa.

Não Investir em Educação Financeira

A falta de conhecimento sobre finanças empresariais leva a decisões baseadas em intuição ou informações incompletas. Isso pode resultar em escolhas que prejudicam a empresa.

Exemplo: Um empreendedor sem conhecimento financeiro decide investir em um projeto de expansão sem entender os impactos no fluxo de caixa ou na estrutura de capital da empresa. Como resultado, o projeto falha, causando prejuízos significativos.

Solução: Invista em educação financeira para você e sua equipe. Participe de cursos, workshops, e mantenha-se atualizado sobre as melhores práticas em gestão financeira. Quanto mais conhecimento financeiro você tiver, melhores serão suas decisões.

Superestimar Receitas e Subestimar Despesas

Ser excessivamente otimista nas projeções de receitas e subestimar as despesas é um erro perigoso, que pode levar a problemas de fluxo de caixa e endividamento.

Exemplo: Um empresário estima que uma nova linha de produtos irá gerar R$ 500.000 em receitas no primeiro ano, sem considerar os riscos de mercado e a concorrência. Ao mesmo tempo, subestima os custos de marketing e distribuição. O resultado é um fluxo de caixa negativo e dificuldades financeiras.

Solução: Seja conservador nas estimativas de receitas e realista nas estimativas de despesas. Sempre tenha um plano de contingência para lidar com receitas abaixo do esperado ou despesas acima do planejado.

Negligenciar a Gestão de Dívidas

A má gestão de dívidas, seja pelo acúmulo excessivo de empréstimos ou pela falta de pagamento pontual, pode levar a altos custos financeiros e até à insolvência.

Exemplo: Uma empresa toma vários empréstimos para financiar a expansão, mas não planeja adequadamente o pagamento dessas dívidas. Com o aumento dos juros e a redução das vendas, a empresa se encontra incapaz de pagar as parcelas e enfrenta uma crise financeira.

Solução: Mantenha um controle rigoroso sobre as dívidas, planejando os pagamentos e evitando o acúmulo excessivo de obrigações. Considere renegociar prazos e taxas de juros quando necessário para manter as finanças sob controle.

Compreender e evitar esses erros financeiros comuns pode ser a diferença entre o sucesso e o fracasso de um negócio. Ao identificar esses erros e tomar medidas para evitá-los, os empresários e gestores podem garantir uma gestão financeira mais eficaz e sustentável, promovendo o crescimento e a prosperidade da empresa.

CAPÍTULO 4

PLANEJAMENTO E GESTÃO FINANCEIRA SIMPLIFICADOS

Exemplo Prático de Orçamento e Planejamento Financeiro

Abordaremos como montar um orçamento realista e eficaz, uma das ferramentas mais importantes para a gestão financeira de qualquer negócio. Um orçamento bem elaborado, ajuda a empresa a planejar suas finanças, controlar os gastos e prever necessidades futuras de recursos. A seguir, vou detalhar um exemplo prático de como construir um orçamento anual para uma pequena empresa, utilizando uma tabela para ilustrar as informações.

1. Estabelecendo Metas e Premissas

Antes de começar a montar o orçamento, é importante definir as metas da empresa para o ano e as premissas que serão utilizadas, como a previsão de crescimento das receitas, a inflação, e os custos operacionais.

Meta de Crescimento: 10% de aumento nas receitas em relação ao ano anterior.

Impostos sobre a receita de: 27,5%

Inflação Prevista: 4%.

Crescimento dos Custos Operacionais: 6%.

Categoria	Mês 1	Mês 2	Mês 3	Mês 4	Mês 5	Mês 6	Mês 7	Mês 8	Mês 9	Mês 10	Mês 11	Mês 12	Total Anual
Receita Bruta	120.000	132.000	145.200	159.720	175.692	193.261	212.587	233.846	257.231	282.954	311.249	342.374	2.566.114
(-) Impostos	33.000	36.300	39.930	43.923	48.315	53.147	58.462	64.308	70.738	77.812	85.594	94.153	705.681
Receitas	87.000	95.700	105.270	115.797	127.377	140.114	154.126	169.538	186.492	205.141	225.656	248.221	1.860.433
(-) Custo de Vendas	40.000	42.400	44.944	47.641	50.499	53.529	56.741	60.145	63.754	67.579	71.634	75.932	674.798
(=) Lucro Bruto	47.000	53.300	60.326	68.156	76.878	86.585	97.385	109.393	122.738	137.562	154.022	172.289	1.185.635
(-) Despesas Operacionais	20.000	21.200	22.472	23.820	25.250	26.765	28.370	30.073	31.877	33.790	35.817	37.966	337.399
(=) Lucro Operacional	27.000	32.100	37.854	44.336	51.628	59.821	69.015	79.321	90.861	103.773	118.205	134.323	848.236
(-) Despesas Financeiras	2.000	2.000	2.000	2.000	2.000	2.000	2.000	2.000	2.000	2.000	2.000	2.000	24.000
(=) Lucro Líquido	25.000	30.100	35.854	42.336	49.628	57.821	67.015	77.321	88.861	101.773	116.205	132.323	824.236

Explicação do Exemplo Prático

Receitas: Começamos com uma previsão de receitas para o Mês 1 baseada nas vendas anteriores, com um crescimento mensal 10%.

Custo de Vendas: Inclui os custos diretos associados à produção ou aquisição dos produtos vendidos. Este custo também aumenta conforme as receitas crescem, mantendo uma proporção estável.

Lucro Bruto: Calculado subtraindo o Custo de Vendas das Receitas. Esse valor reflete a margem que a empresa tem para cobrir suas despesas operacionais e financeiras.

Despesas Operacionais: Incluem salários, aluguel, despesas de marketing, entre outras. Foi considerada uma inflação de 4% e um crescimento de 6% nos custos operacionais ao longo do ano.

Lucro Operacional: Representa o lucro da empresa antes de considerar as despesas financeiras e impostos, sendo crucial para avaliar a rentabilidade operacional.

Ferramentas e Dicas Práticas para Planejamento Financeiro

Software de Gestão Financeira: Ferramentas como QuickBooks, ZeroPaper, ou até planilhas no Excel podem ajudar a controlar o orçamento e fazer ajustes conforme necessário.

Revisão Periódica: Reavalie o orçamento trimestralmente para garantir que a empresa está no caminho certo. Ajustes podem ser necessários com base em mudanças no mercado ou na performance da empresa.

Planejamento de Contingências: Sempre tenha um plano de contingência para lidar com imprevistos, como queda nas vendas ou aumento inesperado de custos.

Montar um orçamento realista e eficaz é essencial para garantir a sustentabilidade financeira da empresa. Com um orçamento bem estruturado, a empresa pode prever necessidades, controlar gastos e tomar decisões informadas para alcançar seus objetivos de crescimento e rentabilidade.

Importância do Controle do Fluxo de Caixa

A gestão eficaz do fluxo de caixa é um dos pilares mais importantes para a saúde financeira de qualquer negócio. O fluxo de caixa reflete as entradas e saídas de dinheiro na empresa e é crucial para garantir que ela tenha os recursos necessários para operar de forma contínua. Uma boa gestão do fluxo de caixa permite que a empresa pague suas obrigações em dia, invista no crescimento e evite problemas financeiros que poderiam levar à insolvência.

Garantia de Liquidez

Manter Operações: O controle rigoroso do fluxo de caixa assegura que a empresa tenha liquidez suficiente para cobrir suas despesas operacionais, como salários, aluguel e fornecedores. Sem liquidez, mesmo uma empresa lucrativa pode enfrentar dificuldades para manter suas operações.

Prevenir Crises: Ao monitorar o fluxo de caixa, a empresa pode antecipar problemas financeiros e tomar medidas preventivas, como buscar financiamento ou cortar despesas antes que a situação se torne crítica.

Planejamento de Contingências: Sempre tenha um plano de contingência para lidar com imprevistos, como queda nas vendas ou aumento inesperado de custos.

Planejamento e Tomada de Decisões

Planejamento Financeiro: O fluxo de caixa ajuda a empresa a planejar suas finanças de forma mais precisa. Com uma visão clara das entradas e saídas de dinheiro, é possível programar melhor os pagamentos e investimentos.

Decisões de Investimento: Empresas com um fluxo de caixa positivo e bem gerido têm mais liberdade para tomar decisões de investimento, como expandir operações, lançar novos produtos ou entrar em novos mercados.

Relacionamento com Fornecedores e Credores

Negociação de Prazo: Com um fluxo de caixa saudável, a empresa pode negociar melhores prazos de pagamento com fornecedores, aproveitando descontos ou condições vantajosas.

Credibilidade: Empresas que gerenciam bem seu fluxo de caixa são vistas como mais confiáveis por credores, fornecedores e investidores, o que pode resultar em melhores condições de crédito e financiamento.

Extensão de Prazos de Pagamento

A Negociação com Fornecedores: Uma técnica para melhorar o fluxo de caixa é negociar prazos de pagamento mais longos com fornecedores. Isso permite que a empresa retenha dinheiro por mais tempo, utilizando-o para outras necessidades.

Exemplo: Se uma empresa pode estender seu prazo de pagamento de 30 para 60 dias sem incorrer em multas ou juros, ela ganha mais tempo para usar esse dinheiro em outras áreas críticas.

Gestão de Estoques

Redução de Estoques: Manter estoques elevados consome recursos financeiros que poderiam ser usados em outras áreas. Ao otimizar a gestão de estoques, a empresa pode liberar capital, reduzindo a necessidade de financiamento externo.

Just-in-Time: Implementar práticas de inventário Just-in- Time (JIT), onde os produtos são recebidos ou produzidos conforme a demanda, pode minimizar o capital imobilizado em estoques, melhorando o fluxo de caixa.

Exemplo Prático de Controle de Fluxo de Caixa

Aqui está um exemplo simplificado de como uma empresa pode planejar e monitorar seu fluxo de caixa:

Categoria	Janeiro	Fevereiro	Março	Abril	Maio	Junho
Entradas de Caixa						
Vendas a Vista	80.000	85.000	90.000	88.000	92.000	95.000
Recebimento de Contas a Receber	20.000	22.000	25.000	30.000	32.000	35.000
Total de Entradas	100.000	107.000	115.000	118.000	124.000	130.000
Saídas de Caixa						
Pagamento de Fornecedores	40.000	42.000	45.000	46.000	48.000	50.000
Salários	20.000	21.000	21.000	22.000	22.000	23.000
Despesas Operacionais	15.000	15.500	16.000	16.500	17.000	17.500
Pagamento de Empréstimos	5.000	5.000	5.000	5.000	5.000	5.000
Total de Saídas	80.000	83.500	87.000	89.500	92.000	95.500
Saldo Final	20.000	23.500	28.000	28.500	32.000	34.500

A gestão eficaz do fluxo de caixa é essencial para a sobrevivência e o crescimento de uma empresa. Ao implementar técnicas para melhorar o fluxo de caixa, como antecipação de recebíveis, gestão de estoques, e controle rigoroso de despesas, a empresa pode garantir que terá recursos suficientes para operar, investir e crescer de forma sustentável. Um fluxo de caixa bem gerido permite à empresa enfrentar imprevistos e aproveitar oportunidades, assegurando uma trajetória de sucesso a longo prazo.

Estudo de Caso 1: Sucesso na Gestão Financeira

Empresa: Magazine Luiza

Setor: Varejo

Cenário: Fundada em 1957, a Magazine Luiza é uma das maiores redes de varejo do Brasil, com operações tanto em lojas físicas quanto no e-commerce. A empresa enfrentou desafios significativos na década de 2010, especialmente com a crescente concorrência e as mudanças nos hábitos de consumo dos brasileiros.

Medidas Adotadas:

Transformação Digital: A Magazine Luiza começou a investir pesadamente em tecnologia e inovação. Isso incluiu a criação de uma plataforma de e-commerce robusta e a integração de canais online e offline, conhecida como estratégia "omnichannel", que permitiu aos clientes comprarem online e retirar os produtos nas lojas físicas.

Gestão de Fluxo de Caixa: A empresa também focou em uma gestão rigorosa do fluxo de caixa, equilibrando as entradas e saídas de recursos com precisão. Além disso, a Magazine Luiza implementou práticas de controle de custos e renegociou dívidas, o que contribuiu para a estabilidade financeira.

Inovação e Experiência do Cliente: A empresa se destacou ao melhorar a experiência do cliente, facilitando a compra em qualquer canal, seja físico ou digital. Eles também adotaram uma cultura de inovação, com investimentos em startups e novas tecnologias para melhorar a eficiência operacional.

Resultado:

A Magazine Luiza se tornou um exemplo de sucesso na transformação digital no Brasil, sendo reconhecida não apenas como uma rede de lojas físicas, mas como uma empresa de tecnologia. O valor de mercado da empresa disparou, e ela se consolidou como uma das líderes no varejo brasileiro.

Lições Aprendidas:

Transformação Digital: Investir em tecnologia e inovação pode ser um diferencial competitivo crucial em um mercado em constante mudança.

Gestão de Fluxo de Caixa: Manter um controle rígido do fluxo de caixa é essencial para a estabilidade e o crescimento sustentável da empresa.

Foco no Cliente: Melhorar a experiência do cliente e adotar práticas inovadoras pode gerar resultados substanciais.

Estudo de Caso 2: Falha na Gestão Financeira

Empresa: Varig Setor: Aviação

Cenário: Fundada em 1927, a Varig foi a primeira companhia aérea do Brasil e, por décadas, foi líder no setor de aviação nacional e internacional. No entanto, a partir da década de 1990, a empresa começou a enfrentar dificuldades financeiras graves.

Erros Cometidos:

Expansão Descontrolada e Dívidas Elevadas: Durante sua expansão, a Varig assumiu dívidas significativas para financiar a compra de novas aeronaves e a ampliação de suas rotas internacionais, mas não conseguiu gerar receitas suficientes para pagar essas dívidas.

Gestão Ineficiente e Custos Elevados: A Varig mantinha uma estrutura de custos muito elevada em comparação com seus concorrentes, incluindo gastos com pessoal, manutenção e combustível. Além disso, a empresa não conseguiu se adaptar às novas condições de mercado, como a desregulamentação do setor aéreo e a entrada de novas companhias aéreas com estruturas de custos mais enxutas.

Perda de Foco no Core Business: Em um esforço para diversificar suas operações, a Varig investiu em áreas que não estavam diretamente relacionadas ao seu core business, como serviços de carga e manutenção de aeronaves para terceiros, o que desviou recursos e atenção de sua operação principal.

Consequências:

A partir de 2000, a Varig começou a acumular prejuízos operacionais e a perder mercado para concorrentes como TAM e Gol, que adotaram modelos de negócios mais eficientes. Em 2006, a Varig entrou em recuperação judicial e foi posteriormente adquirida pela Gol Linhas Aéreas. A marca Varig desapareceu do mercado, e a empresa deixou de operar.

Lições Aprendidas:

Controle de Dívidas: A expansão descontrolada sem uma gestão adequada das dívidas pode levar ao colapso financeiro.

Eficiência Operacional: Manter uma estrutura de custos competitiva e focar no core business são fundamentais para a sobrevivência em mercados altamente competitivos.

Adaptação ao Mercado: A incapacidade de se adaptar a novas realidades do mercado pode comprometer a viabilidade de longo prazo da empresa.

CAPÍTULO 5

TOMANDO DECISÕES FINANCEIRAS INFORMADAS

Critérios para Investimentos: Como Avaliar Oportunidades de Investimento ou Expansão de Negócio

Tomar decisões financeiras informadas é fundamental para o sucesso de qualquer empresa. Quando se trata de investimentos ou expansão de negócios, a análise criteriosa das oportunidades é essencial para evitar riscos desnecessários e maximizar o retorno sobre o investimento (ROI). Neste capítulo, abordaremos os principais critérios que empresários, empreendedores e gestores devem considerar ao avaliar oportunidades de investimento ou expansão.

1. Análise de Viabilidade Financeira

Antes de investir ou expandir, é crucial realizar uma análise de viabilidade financeira. Isso envolve a avaliação detalhada dos custos iniciais, despesas operacionais e as projeções de receita.

Exemplo Prático: Imagine que uma empresa deseja abrir uma nova filial em outra cidade. A análise de viabilidade financeira incluirá:

Custos Iniciais: Aquisição ou aluguel do imóvel, reformas, compra de equipamentos, marketing inicial.

Despesas Operacionais: Salários, aluguel, utilidades, marketing contínuo, manutenção.

Projeções de Receita: Estimativa de vendas com base na demanda local, análise da concorrência, sazonalidade.

Se os custos superarem as receitas projetadas, a empresa pode reconsiderar o investimento ou buscar formas de reduzir despesas.

2. Análise de Retorno sobre o Investimento (ROI)

O ROI é uma métrica fundamental para determinar se um investimento vale a pena. Ele mede o retorno financeiro esperado em relação ao capital investido.

Fórmula do ROI:

$$\text{ROI} = \frac{\text{Ganho do Investimento} - \text{Custo do Investimento}}{\text{Custo do Investimento}} \times 100$$

Exemplo Prático: Se uma empresa investe R$ 100.000 em uma nova linha de produtos e espera um retorno de R$ 150.000, o ROI seria calculado como:

$$\text{ROI} = \frac{150.000 - 100.000}{100.000} \times 100 = 50\%$$

Um ROI de 50% indica que o investimento é atrativo, gerando um retorno significativo sobre o capital aplicado.

3. Análise de Payback (Período de Retorno do Investimento)

O payback mede o tempo necessário para que o investimento seja recuperado através dos fluxos de caixa gerados pelo projeto.

Exemplo Prático: Se uma empresa investe R$ 200.000 em uma nova unidade e o fluxo de caixa anual esperado é de R$ 50.000, o payback seria:

$$\text{Payback} = \frac{200.000}{50.000} = 4 \text{ anos}$$

Esse resultado indica que o investimento será recuperado em quatro anos. Empresas geralmente preferem projetos com paybacks mais curtos, pois representam menor risco.

4. Análise de Riscos e Sensibilidade

Todo investimento envolve riscos. Analisar os possíveis cenários e o impacto das variáveis críticas (como vendas, custos e taxas de juros) é crucial para tomar decisões bem-informadas.

Exemplo Prático: Ao considerar a expansão, a empresa pode criar cenários otimista, realista e pessimista. Isso envolve:

Cenário Otimista: Aumento das vendas em 20%, custos mantidos sob controle.

Cenário Realista: Crescimento de vendas em 10%, custos alinhados com o orçamento.

Cenário Pessimista: Crescimento modesto de 5% nas vendas, aumento nos custos devido a imprevistos.

A empresa deve avaliar se está preparada para enfrentar o pior cenário sem comprometer sua saúde financeira.

5. Alinhamento com os Objetivos Estratégicos

Investimentos devem estar alinhados com os objetivos estratégicos da empresa. Uma oportunidade que não contribui para o crescimento a longo prazo ou para a competitividade pode não ser a melhor escolha, mesmo que o ROI seja atrativo.

Exemplo Prático: Uma empresa que busca se posicionar como líder em inovação no mercado deve priorizar investimentos em tecnologias emergentes, mesmo que sejam mais arriscados, em vez de optar por projetos mais seguros, porém não alinhados com sua visão de futuro.

6. Fluxo de Caixa Descontado (FCD)

O Fluxo de Caixa Descontado é uma técnica de avaliação que leva em consideração o valor presente dos fluxos de caixa futuros de um investimento, descontando-os a uma taxa que reflete o custo do capital e o risco associado.

Exemplo Prático: Ao avaliar um projeto de expansão, a empresa estima um fluxo de caixa anual de R$ 50.000 pelos próximos 5 anos. Com uma taxa de desconto de 10%, o valor presente dos fluxos de caixa futuros seria calculado para determinar se o projeto é viável.

7. Benchmarking e Comparação de Alternativas

Comparar a oportunidade de investimento com alternativas disponíveis no mercado pode fornecer uma visão mais clara sobre sua atratividade.

Exemplo Prático: Se uma empresa está considerando investir em uma nova linha de produtos, deve comparar esse investimento com outras oportunidades, como melhorar produtos existentes ou entrar em novos mercados, avaliando qual oferece o maior retorno com menor risco.

8. Análise de Impacto Social e Ambiental

Cada vez mais, empresas estão considerando o impacto social e ambiental de suas decisões de investimento. Um projeto que gera benefícios sociais ou reduz o impacto ambiental pode agregar valor à marca e atender a demandas crescentes dos consumidores por responsabilidade social.

Exemplo Prático: Uma empresa do setor de alimentos pode optar por investir em práticas sustentáveis, como a redução de desperdício e o uso de embalagens recicláveis, mesmo que o ROI seja um pouco menor em comparação com alternativas menos sustentáveis.

Tomar decisões financeiras informadas requer uma análise detalhada de vários fatores, desde a viabilidade financeira até o alinhamento estratégico e os impactos sociais e ambientais. Empresas que utilizam uma abordagem criteriosa para avaliar oportunidades de investimento ou expansão estão mais bem posicionadas para crescer de forma sustentável e enfrentar desafios econômicos.

Utilizar essas ferramentas e técnicas pode ajudar os gestores a minimizarem riscos, maximizar retornos e garantir que os recursos sejam alocados de forma eficiente, contribuindo para o sucesso a longo prazo da empresa.

Gerenciamento de Dívidas: Estratégias para Gerir e Pagar Dívidas de Forma Eficiente.

O gerenciamento eficiente das dívidas é essencial para a saúde financeira de qualquer negócio. Quando não controladas, as dívidas podem comprometer a capacidade de crescimento e até mesmo levar à insolvência. Este tópico aborda estratégias práticas que podem ajudar empresários, empreendedores e gestores a gerir suas dívidas de forma eficiente e sustentável.

Compreender a Estrutura das Dívidas

Antes de implementar qualquer estratégia de gerenciamento de dívidas, é crucial entender a estrutura das dívidas existentes. Isso inclui:

Tipo de Dívida: Dívidas de curto prazo (ex.: empréstimos bancários, fornecedores) e dívidas de longo prazo (ex.: financiamentos, debêntures).

Taxa de Juros: Taxas de juros fixas ou variáveis, que afetam diretamente o custo do capital emprestado.

Prazo de Vencimento: Quando cada dívida precisa ser paga e se há flexibilidade para renegociar prazos.

Garantias: Se a dívida é garantida por ativos da empresa, como imóveis ou equipamentos.

Exemplo Prático: Uma empresa pode ter um financiamento para a compra de máquinas, um empréstimo para capital de giro e dívida com fornecedores. Cada uma dessas dívidas tem características e custos diferentes, e é importante priorizar o pagamento daquelas com juros mais altos e menor flexibilidade de prazo.

Criação de um Fundo de Emergência

Ter um fundo de emergência pode ajudar a empresa a lidar com imprevistos financeiros sem recorrer a novas dívidas. Este fundo deve ser suficiente para cobrir as despesas operacionais por um período determinado, geralmente de três a seis meses.

Exemplo Prático: Uma pequena empresa pode criar um fundo de emergência equivalente a três meses de despesas operacionais. Isso fornece uma almofada financeira para enfrentar crises sem depender de empréstimos emergenciais com taxas elevadas.

O gerenciamento eficiente de dívidas requer uma combinação de compreensão da estrutura das dívidas, priorização de pagamentos, renegociação e monitoramento contínuo. Implementar essas estratégias pode ajudar a empresa a manter sua saúde financeira, evitar problemas de liquidez e posicionar-se melhor para o crescimento a longo prazo. Uma abordagem proativa no gerenciamento de dívidas não apenas protege o negócio, mas também cria oportunidades para expansão e investimento futuro.

Ferramentas e Recursos Úteis: Softwares, Aplicativos e Cursos Online para Gestão Financeira

Ferramentas e Recursos Úteis: Softwares, Aplicativos e Cursos Online para Gestão Financeira

No mundo atual, a tecnologia desempenha um papel vital na gestão financeira de empresas de todos os tamanhos. Ter acesso a ferramentas e recursos úteis pode transformar a maneira como empresários, gestores e empreendedores controlam suas finanças, facilitando o acompanhamento de receitas, despesas, fluxo de caixa e planejamento orçamentário. Abaixo estão alguns softwares, aplicativos e cursos online que podem ajudar na gestão financeira eficaz e no aprimoramento do conhecimento em finanças corporativas.

Softwares de Gestão Financeira

Os softwares de gestão financeira são fundamentais para o controle eficaz das finanças de uma empresa. Eles permitem o acompanhamento em tempo real de receitas, despesas, dívidas e fluxo de caixa, automatizando processos e fornecendo relatórios detalhados.

QuickBooks

Um dos softwares de contabilidade mais populares entre pequenas e médias empresas, o QuickBooks oferece uma ampla gama de funcionalidades, desde emissão de faturas e gerenciamento de despesas até relatórios financeiros e controle de fluxo de caixa.

Funcionalidades principais:

Controle de contas a pagar e a receber.

Emissão de relatórios de lucro, perda e balanço patrimonial. Monitoramento de fluxo de caixa.

Integração com bancos para reconciliação bancária automática.

Conta Azul (Brasil)

Conta Azul é uma plataforma brasileira voltada para pequenas empresas. Ela oferece soluções completas para o gerenciamento financeiro, emissão de notas fiscais, controle de estoque e acompanhamento de vendas.

Funcionalidades principais:

Emissão de notas fiscais eletrônicas (NF-e). Conciliação bancária.

Relatórios financeiros completos, incluindo fluxo de caixa e DRE.

Gestão de vendas, clientes e fornecedores.

Exemplo Prático: Uma pequena empresa pode criar um fundo de emergência equivalente a três meses de despesas operacionais. Isso fornece uma almofada financeira para enfrentar crises sem depender de empréstimos emergenciais com taxas elevadas.

CAPÍTULO 6

COLOCANDO O CONHECIMENTO EM PRÁTICA

Checklist de Ações Práticas: Aplicando o Conhecimento no Seu Negócio ou Trabalho

Após absorver os conceitos financeiros apresentados no livro, é essencial que o leitor os coloque em prática para alcançar melhorias reais na gestão financeira do seu negócio. Este checklist oferece um guia prático e passo a passo para que o leitor aplique o que aprendeu de forma eficiente. Com essas ações, empresários, empreendedores e gestores poderão organizar suas finanças e otimizar a tomada de decisões financeiras.

1. Revisão dos Demonstrativos Financeiros

Ação: Reúna e revise os demonstrativos financeiros da sua empresa (Balanço Patrimonial, DRE, Fluxo de Caixa).

Dica prática: Se ainda não tem esses relatórios organizados, use um software como ContaAzul ou Excel para gerar versões iniciais e enviar ao seu contador.

Objetivo: Entender sua posição financeira atual (ativos, passivos, receitas, despesas) e começar a ter uma visão clara sobre o desempenho do seu negócio.

2. Avaliação do Fluxo de Caixa

Ação: Verifique se o fluxo de caixa está positivo ou negativo e projete suas entradas e saídas financeiras para os próximos meses.

Dica prática: Use ferramentas simples como Google Planilhas ou um software de gestão para fazer uma previsão de fluxo de caixa.

Objetivo: Assegurar que sua empresa tenha dinheiro suficiente para cobrir despesas e manter a operação funcionando.

3. Controle de Custos e Despesas

Ação: Faça uma análise detalhada dos seus custos fixos e variáveis e identifique oportunidades para redução de despesas.

Dica prática: Categorize suas despesas e estabeleça um limite para cada categoria. Por exemplo, renegocie com fornecedores ou corte custos não essenciais.

Objetivo: Reduzir despesas desnecessárias para melhorar a margem de lucro e fortalecer o fluxo de caixa.

4. Planejamento Orçamentário

Ação: Elabore um orçamento financeiro para os próximos 12 meses, definindo metas de receita e controle de despesas.

Dica prática: Crie um orçamento detalhado que inclua metas de crescimento, despesas esperadas e investimentos necessários.

Objetivo: Ter uma visão clara sobre as receitas e despesas futuras, permitindo melhor controle e decisões mais informadas.

5. Gestão de Dívidas

Ação: Revise todas as dívidas da empresa e crie um plano para quitá-las, priorizando as com maiores taxas de juros.

Dica prática: Negocie prazos e taxas de juros com credores, se possível, e utilize estratégias de consolidação de dívidas.

Objetivo: Reduzir o custo total da dívida e liberar fluxo de caixa para novos investimentos.

6. Monitoramento Regular dos Indicadores Financeiros

Ação: Defina os principais indicadores financeiros que você precisa acompanhar regularmente (margem de lucro, liquidez, endividamento).

Dica prática: Use ferramentas simples como Google Planilhas ou um software de gestão para fazer uma previsão de fluxo de caixa.

Objetivo: Assegurar que sua empresa tenha dinheiro suficiente para cobrir despesas e manter a operação funcionando.

7. Implementação de Software de Gestão

Ação: Adote um software de gestão financeira se você ainda não utiliza um. Escolha uma plataforma adequada ao porte da sua empresa (ex.: ContaAzul, QuickBooks).

Dica prática: Faça uma pesquisa de softwares com boas avaliações e teste suas funcionalidades com uma versão gratuita ou demo.

Objetivo: Automatizar processos financeiros, emitir relatórios detalhados e simplificar a gestão diária

Plano de Ação de 30 Dias: Implementando Melhorias Financeiras

O objetivo deste plano de 30 dias é fornecer um caminho claro e organizado para o leitor começar a implementar as melhorias financeiras aprendidas no e-Book. Ele se baseia em ações simples e práticas que, quando seguidas de forma consistente, podem gerar resultados significativos para a saúde financeira de um negócio. Cada semana terá tarefas específicas, permitindo um avanço gradual, mas eficiente.

Semana 1: Diagnóstico e Organização Inicial Dia 1-2: Coleta de Informações Financeiras

Ação: Reúna todos os demonstrativos financeiros disponíveis: Balanço Patrimonial, DRE e Fluxo de Caixa. Se você não tiver esses relatórios, faça uma estimativa das suas receitas, despesas, dívidas e ativos.

Dica prática: Se não tiver um sistema de gestão financeira, use uma planilha simples do Excel ou Google Planilhas para registrar essas informações.

Dia 3-4: Revisão de Despesas e Receitas

Ação: Analise detalhadamente suas despesas e receitas mensais. Separe custos fixos (aluguel, folha de pagamento) e variáveis (insumos, marketing).

Dica prática: Identifique despesas desnecessárias ou que podem ser reduzidas. Ex.: gastos com assinaturas que não são mais utilizadas ou custos de fornecedores que podem ser renegociados.

Dia 5-7: Revisão do Fluxo de Caixa

Ação: Examine o fluxo de caixa dos últimos três meses. Avalie se há períodos de maior aperto financeiro e se o caixa está estável.

Dica prática: Utilize a previsão de fluxo de caixa para antecipar desafios futuros. Identifique possíveis atrasos em pagamentos de clientes e organize um cronograma de recebimentos.

Semana 2: Definindo Objetivos e Planejamento Orçamentário Dia 8-10: Definição de Objetivos Financeiros

Ação: Estabeleça metas financeiras claras para os próximos 6 e 12 meses, como aumentar as receitas em X%, reduzir despesas em Y% ou melhorar a liquidez.

Dica prática: Defina metas SMART (específicas, mensuráveis, alcançáveis, relevantes e com prazo).

Dia 11-12: Criação de um Orçamento

Ação: Crie um orçamento detalhado para o próximo mês, incluindo receitas esperadas, despesas previstas e um fundo de reserva.

Dica prática: Utilize uma planilha de orçamento simples para categorizar despesas (fixas e variáveis) e estabeleça limites para cada categoria.

Dia 13-14: Reserva Financeira

Ação: Estabeleça uma reserva financeira de emergência, mesmo que seja pequena inicialmente, separando uma porcentagem fixa das suas receitas mensais.

Dica prática: Comece destinando 5% da receita mensal para este fundo. Esse valor pode ser ajustado conforme a empresa estabilize seu fluxo de caixa.

Semana 3: Implementação de Ferramentas e Monitoramento

Dia 15-16: Escolha de Software de Gestão

Ação: Se ainda não usa, escolha e implemente um software de gestão financeira para automatizar o controle de receitas, despesas, fluxo de caixa e conciliação bancária.

Dica prática: Teste softwares como ContaAzul, Omie ou QuickBooks, que oferecem períodos de teste gratuitos para pequenas empresas.

Dia 17-18: Monitoramento de Indicadores

Ação: Defina os principais indicadores financeiros a serem monitorados regularmente (fluxo de caixa, margem de lucro, endividamento).

Dica prática: Use relatórios gerados pelo software de gestão financeira para verificar a saúde financeira semanalmente e ajustar as metas conforme necessário.

Dia 19-21: Reavaliação de Contratos e Despesas

Ação: Reavalie contratos com fornecedores, locadores e outros parceiros de negócios, buscando oportunidades de renegociação ou alternativas mais baratas.

Dica prática: Negocie melhores prazos de pagamento e condições que favoreçam seu fluxo de caixa. Considere substituir fornecedores por opções mais competitivas.

Dica prática: Faça uma análise de custo-benefício para cada oportunidade de investimento e avalie o impacto no fluxo de caixa.

Semana 4: Planejamento para o Futuro e Revisão do Plano Dia 22-23: Planejamento de Investimentos

Ação: Avalie possíveis investimentos para o crescimento do negócio, como marketing, expansão de produtos ou novos equipamentos. Use critérios como ROI (Retorno sobre Investimento) para decidir.

Dica prática: Faça uma análise de custo-benefício para cada oportunidade de investimento e avalie o impacto no fluxo de caixa.

Dia 26-27: Revisão e Ajuste do Orçamento

Ação: Revise o orçamento e ajuste conforme necessário com base nos dados que você obteve nas três primeiras semanas. Verifique se o fluxo de caixa está alinhado com as metas estabelecidas.

Dica prática: Faça uma análise comparativa entre as previsões do orçamento inicial e os resultados reais, ajustando o que for necessário.

Dia 28-30: Plano para os Próximos 6 Meses

Ação: Estabeleça um novo plano financeiro para os próximos 6 meses, incluindo metas, ajustes no orçamento e possíveis novos investimentos.

Dica prática: Continue monitorando seus indicadores financeiros regularmente e ajuste suas metas e ações conforme o desempenho do negócio.

Este plano de 30 dias é um guia inicial para colocar o conhecimento adquirido em prática, mas o trabalho de gestão financeira deve ser contínuo. Seguindo cada uma dessas etapas, o leitor estará em uma posição muito mais sólida para gerenciar as finanças do seu negócio de maneira estratégica e eficiente. Ao longo do tempo, é importante revisar e ajustar o plano com base nas mudanças e no crescimento da empresa.

Este plano de 30 dias é um guia inicial para colocar o conhecimento adquirido em prática, mas o trabalho de gestão financeira deve ser contínuo. Seguindo cada uma dessas etapas, o leitor estará em uma posição muito mais sólida para gerenciar as finanças do seu negócio de maneira estratégica e eficiente. Ao longo do tempo, é importante revisar e ajustar o plano com base nas mudanças e no crescimento da empresa.

Continuando a Jornada Financeira

A educação financeira não termina com a leitura deste livro. Os próximos passos envolvem aplicar constantemente o que você aprendeu e buscar novas formas de aprimorar sua gestão financeira. Aqui estão algumas sugestões para continuar essa jornada:

1. Aplicação Imediata:

Volte ao checklist prático apresentado no Capítulo 6 e implemente as ações sugeridas. Este é um passo crucial para consolidar os conhecimentos e gerar resultados concretos.

Revise periodicamente suas metas financeiras e ajustes conforme o desempenho da sua empresa.

Desenvolvimento Contínuo

Atualize-se regularmente: O mundo das finanças está em constante evolução, com novas ferramentas e práticas surgindo. Mantenha-se informado sobre as tendências financeiras que podem impactar sua empresa.

Participe de workshops e cursos: Aprofunde seus conhecimentos participando de eventos, seminários ou cursos de finanças para empreendedores. Isso ajudará você a se adaptar às mudanças e otimizar sua gestão.

Busca por Consultoria Especializada:

À medida que seu negócio cresce, pode ser útil buscar a ajuda de consultores financeiros para orientá-lo em decisões estratégicas mais complexas. Um especialista pode ajudar a identificar novas oportunidades de crescimento ou alertá-lo sobre riscos potenciais.

Automatização e Ferramentas de Gestão:

Continue explorando softwares e ferramentas que possam automatizar partes do processo financeiro, permitindo que você concentre seu tempo em outras áreas estratégicas do negócio.

Monitoramento Regular:

Crie uma rotina mensal ou trimestral para revisar seus demonstrativos financeiros, monitorar o desempenho da empresa e ajustar suas metas e planos de acordo com a realidade do mercado.

Gerenciar as finanças de um negócio pode parecer uma tarefa intimidadora, mas com as ferramentas e conhecimentos adquiridos, você está preparado para tomar decisões mais informadas e estratégicas. O sucesso financeiro não é um destino, mas um processo contínuo de adaptação e melhoria. Agora, você tem o poder de transformar o futuro do seu negócio com uma gestão financeira sólida e eficiente.

Lembre-se, o conhecimento é apenas uma parte do processo. A ação é o verdadeiro catalisador da mudança. Coloque em prática o que aprendeu e continue avançando em sua jornada financeira. O sucesso está ao seu alcance!

Chamada para Ação

Agora que você percorreu toda essa jornada e adquiriu uma base sólida em finanças corporativas, é hora de ir além e ajudar outros a fazerem o mesmo. O conhecimento financeiro é uma ferramenta poderosa que pode transformar negócios, melhorar decisões e trazer maior segurança para empresários, empreendedores, trabalhadores e estudantes.

Monitoramento Regular:

Crie uma rotina mensal ou trimestral para revisar seus demonstrativos financeiros, monitorar o desempenho da empresa e ajustar suas metas e planos de acordo com a realidade do mercado.

Gerenciar as finanças de um negócio pode parecer uma tarefa intimidadora, mas com as ferramentas e conhecimentos adquiridos, você está preparado para tomar decisões mais informadas e estratégicas. O sucesso financeiro não é um destino, mas um processo contínuo de adaptação e melhoria. Agora, você tem o poder de transformar o futuro do seu negócio com uma gestão financeira sólida e eficiente.

Lembre-se, o conhecimento é apenas uma parte do processo. A ação é o verdadeiro catalisador da mudança. Coloque em prática o que aprendeu e continue avançando em sua jornada financeira. O sucesso está ao seu alcance!

Transforme o que você aprendeu em uma ferramenta de mudança, e seja o líder que inspira outros a crescerem financeiramente. Juntos, vocês podem criar um ambiente de negócios mais sustentável, produtivo e próspero!

Esse é o seu momento de fazer a diferença. Aplique o conhecimento, compartilhe suas descobertas e ajude a criar uma comunidade de profissionais mais preparados financeiramente!

Finanças Corporativas" é um guia abrangente e acessível para qualquer pessoa que deseja entrar no mundo das finanças de forma simples. Este livro fornece uma visão clara e detalhada sobre finanças para não financeiros.

Instagram: diogo.medeirosoficial

https://www.linkedin.com/in/diogofernandesmedeiros/

Apêndices

Apêndice A: Fórmulas Essenciais de Finanças

Fórmula do Retorno sobre o Patrimônio Líquido (ROE):

ROE = Lucro Líquido / Patrimônio

Fórmula do Capital de Giro:

Capital de Giro = Ativo Circulante − Passivo Circulante

Fórmula do EBITDA:

EBITDA = Lucro Operacional + Depreciação e Amortização

Notas

Nota 1: Sobre o Regime de Competência e Caixa

O regime de competência registra as transações quando ocorrem, enquanto o regime de caixa considera o momento em que o dinheiro entra ou sai. Entender a diferença entre esses regimes é essencial para evitar erros na interpretação dos resultados financeiros.

Nota 2: Conceito de Margem de Contribuição

A margem de contribuição é a diferença entre o preço de venda e os custos variáveis, usada para cobrir custos fixos e gerar lucro.

Glossário

Ativo Circulante: Bens e direitos que podem ser convertidos em dinheiro no curto prazo (até 12 meses), como caixa, estoque e contas a receber.

Passivo Circulante: Obrigações que a empresa precisa pagar no curto prazo, como fornecedores e dívidas bancárias de curto prazo.

Patrimônio Líquido: Diferença entre os ativos e passivos; representa a riqueza dos proprietários na empresa.

EBITDA: Indicador que mede o lucro antes de juros, impostos, depreciação e amortização; usado para avaliar a geração de caixa operacional.

ROI (Return on Investment): Retorno sobre o investimento, calculado como a relação entre o lucro obtido e o valor investido.

Bibliografia

ASSAF NETO, Alexandre, Mercado financeiro. 13. ed. São Paulo: Atlas, 2016.

DAMODARAN, Aswath. *Corporate Finance: Theory and Practice

Sites:

www.institutoassaf.com.br

https://pages.stern.nyu.edu/~adamodar/

"Leve o conhecimento deste livro para seu time! Contrate uma palestra exclusiva."

Contatos:

Acesse meu LinkedIn:

https://www.linkedin.com/in/diogofernandesmedeiros/

Instagram:

https://www.instagram.com/diogo.medeirosoficial/

Anotações e Reflexões

"Anotar suas ideias é construir uma visão para seu futuro"

www.ingramcontent.com/pod-product-compliance
Lightning Source LLC
Chambersburg PA
CBHW071654240526
45469CB00023B/2375